Und Anfang
glänzt
an allen Bruchstellen
unseres
Mißlingens.

(Rilke)

Brechungswellen

herausgegeben von
Stephanie Mattner
& Marion Bergmann

Impressum

Copyright © 2016

herausgegeben von

Sternen Blick

www.sternenblick.org
kontakt@sternenblick.org

Herausgeberinnen:
Stephanie Mattner & Marion Bergmann

Coverbild: © Dieter Bruhns
Covergestaltung: Stephanie Mattner
Alle Grafiken im Buch © Andrew Ostrovsky
Kapitelüberschriften inspiriert von R. M. Rilke

Korrektorat: Marion Bergmann

Herstellung und Verlag:
BoD - Books on Demand, Norderstedt

ISBN: 978-3-7392-3283-6

Jeder Anfang ist auch Ende
und die Dauer nicht
zu fassen –
Jede Fülle ist auch Leere
jedes Maß in sich
unendlich.
In der Ferne ist
auch Nähe,
in der Nähe
spürst Du Ferne –
jede Zeit ist in sich
fließend –
alle Wege werden
eins.
Was wir sind, ist
uns ein Rätsel,
was wir werden
steht dahin.
Alle Formen, die
wir sehen, ein
dem Schein
geschenkter Sinn.

Bewegen und Bewahren

> *„Mag auch die Spiegelung*
> *im Teich oft uns verschwimmen:*
> *Wisse das Bild.*
> *Erst in dem Doppelbereich*
> *werden die Stimmen ewig und mild."*
>
> Rainer Maria Rilke

Das Leben verläuft nie gradlinig, ist Seelen-Wellengang,
Brandung und Brechung, mit Tiefen und Höhen ...
Auf unseren Schicksalswegen sind wir aufgerufen,
standzuhalten oder der Lebensbewegung zu folgen
und ihr zu begegnen.

Im vorliegenden SternenBlick-Band „Brechungswellen"
setzen sich ausschließlich Dichterinnen mit diesem Thema
auseinander. Sie schreiben darüber,
wie das Leben sie herausfordert.
Sie stellen Sinnfragen dort, wo es gilt, Lebensinhalte
zu überdenken. Was bewirken Veränderungen in uns?
Wo finden wir Halt? Welche Haltung nehmen wir ein?

In den dargebotenen Gedichten lesen wir wie im
Hin- und Hergang eines Pendels zwischen „Ja" und „Nein"
von Resignation und Protest, Ratlosigkeit und Hoffnung,

Trauer und Freude und natürlich: auch von der Liebe,
die ein Bewahren ist, da sie selbst auf kargem Steingrund
erneut aufzublühen weiß.

Ich wünsche den Lyrik-Begeisterten
viele schöne Lesemomente!

Marion Bergmann
(Herausgeberin)

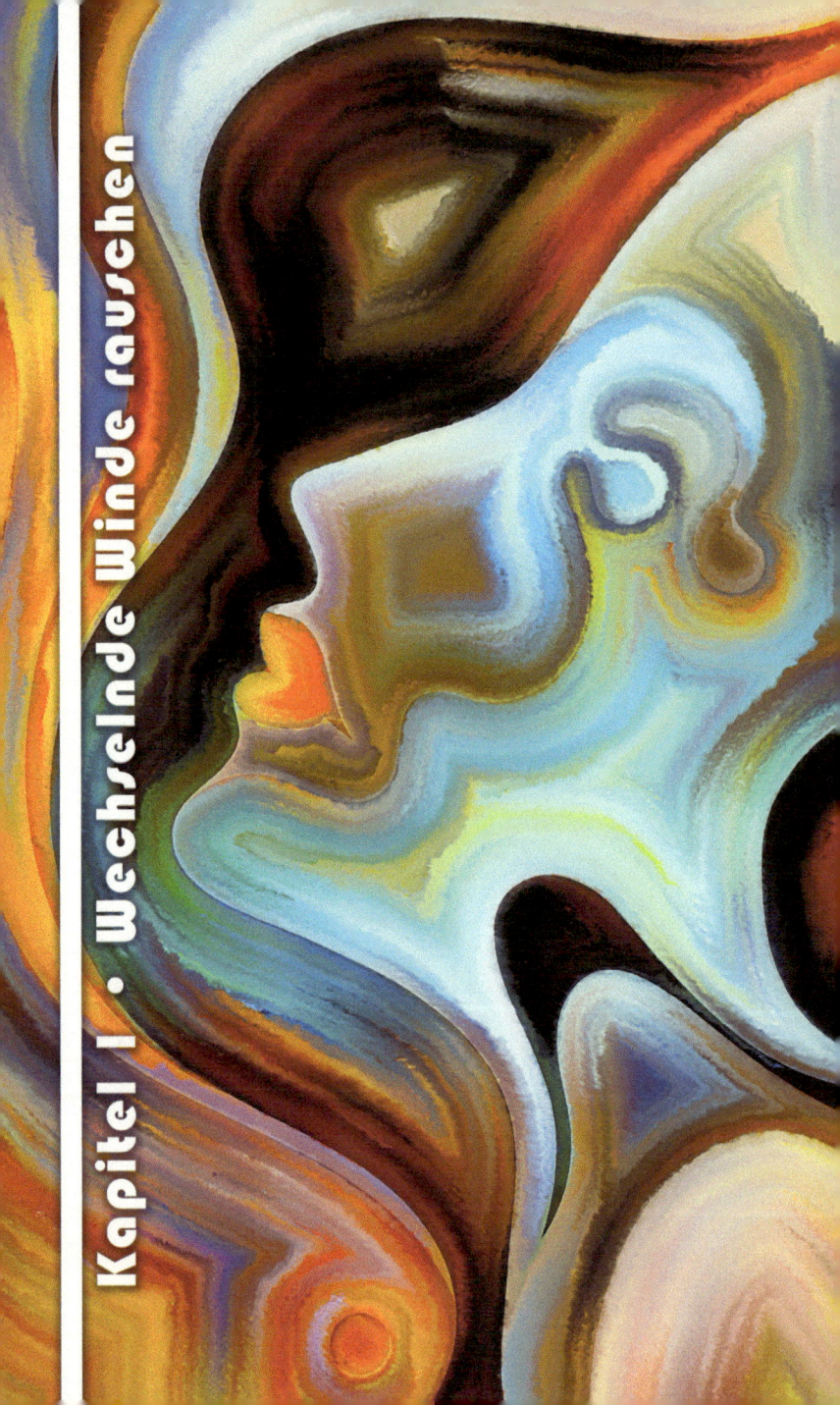

Kapitel 1 • Wechselnde Winde rauschen

Groß geworden, von jetzt auf gleich
gealtert, erwachsen, selbstständig, reich.
wenn nicht durch geld, dann reich an erfahrung,
wir denken zurück an alles, was war und
klar ist es fraglich, ob alles am tag sich
als glücksgriff erwies, uns ruhig schlafen ließ. schließ-
lich waren gedanken an morgen
nicht selten begleitet von ängsten und sorgen. sorg-
fältig planen, probleme erahnen und dann kommt es schlimmer,
so ist es doch immer. immer-
hin: es ist möglich, sie auszumerzen.
wie war das noch gleich? „folge stets deinem herzen."
herzlichen dank, doch dies ist leider krank.
Krank nicht direkt, ist vielmehr ein defekt.
das problem ist grundsätzlich, der patient sehr verletzlich. letztlich
betrifft es doch die meisten,
letztlich doch alle, die irgendwas leisten.
das ist es, worum es sich im leben dreht,
„sie haben ihr ziel erreicht!", da steht
sie, die schwarz-weiße fahne und wenn das der fall ist,
kommt wieder ne frage: war das jetzt schon alles? alles
auf anfang, fang
gleich damit an, „besser heute als morgen"
irgendwas mit „besorgen". besorgt.
schon wieder, doch wiederum glücklich,
denn ohne nen plan hätten wir dieses glück nicht,
was auszuprobieren, auch mal zu verlieren. schwierig
zu denken, es sei ohne kopf möglich, ohne kopf
zu denken ist generell schon unmöglich. nötig
also und auch oft optimist:
wie schön das leben doch eigentlich ist.

Jennifer Hilgert

Meine Konsequenz
schwindet in Momenten
In solchen ich *changiere*
meiner guten Seite Tango s c h r i t t e
verordne
und mit mir gemeinsam übe
ich zu sein
ohne nachzudenken
zu gleiten oder eisig zu zerfließen
Es spricht mein Narzisst
es bricht meine *Stimme*
ohne dass ich merke
dass ich
längst gebrochen in der Schüssel h
ä
n
g
e

Gleich eines Amaryllis-Stiels
der sich in der
Ferne windet   ausbricht
verblasst
und gestaltlos gleichermaßen

ungefestigt

in der Ecke hängt
und sich w
a
n
d
e
l
t

12

Morgens noch
mit dem Sinn
der Nacht

eintauchen
in das Glück
der Frühe.

Das Meer
legt
sein Kleid

auf die
Felsen
der Beständigkeit.

Licht atmen
die Steine

unter dem
sprudelnden
Morgen.

Ein wenig
Himmel
treibt das
Sehnen weiter.

Ich bin das
Kind meiner Zeit
und niemand
kann mir
schuldhaftig werden,
fremdernannte Wahrheiten,
Trübseligkeiten, Unzu-
länglichkeiten anheften,
abtasten gar
den Sinngehalt meiner Selbst.

Dennoch der Maßstab
im fegenden Saum
der Zeit,
das Gelebte -
die Kraft als Glanz
im Hoffnungsgebaren:
ein Aufbäumen, Überschäumen,
sich Ergießen an Frau-Sein,
gebären ohne je
geboren zu haben,
trittfest und sicher
die selbstgewählten GangArten,
obgleich die Vorstellungen, Klüfte
dazwischen
im Ich und Es
und Sein und Werden
den Nährboden bieten
der Gewissheit:
Kein Mensch
soll mir näher sein
als ich mir selbst.

Dem spiel entwachsen
der heiterkeit unbeschwerter momente
seit unserer geburt mehren sich die trennungen
die ratlosigkeit flüstert uns fremde antworten zu
selbst die eigenen taugen nichts
denn das nichts vor dem wir stehen
lässt sich nicht erklären
innerhalb unserer systeme vergreisen die jugendlichen
arthritische mimosen
hirnsaugend die einen: vorteile und privilegien
die anderen: im sog ihrer haltlosigkeit
kein ufer lockt • von närrischen alten ist keine seligkeit
zu erwarten: nur irrungen und wirrungen
jedermann geht irgendwie ins grab
zuvor ein speed dating
den tod zu besänftigen mit irgendetwas
nach außen gestülpt im innen zusammengefaltet ratlos
dem spiel entwachsen und wie alles im anfang war

Vielleicht ist der Fehler erfunden.
Vielleicht liegt der Fehler in der Annahme,
dass es Fehler gibt.
Das Verlangen den Fehler zu suchen,
Vergebens.

Vielleicht sind die Fehler erfunden.
Die Suche,
Der Irrgarten.
Die Expedition.
Eine Reise in die Entfremdung.
Fremd.
Mir selbst.
Dir selbst.

Vielleicht die Flucht aus dem Sein.
Vielleicht gibt es keinen Fehler.
Vielleicht liegt der Fehler in der Annahme,
dass es Fehler gibt.
Vielleicht ist das der Weg.

Die Suche nach Fehlern,
Antworten.
Die Antwort.
Der Schleier.
Die Lüge.
Der Weg.
Eine Reise in die Illusion.
Täuschung.
Vielleicht die falsche Konstruktion.

Die Entfremdung.
Die Entfremdung.
Die Einsicht,
Das Ende der Suche.
Oder der Anfang einer neuen Reise?

Der erste Schritt auf einem langen Weg,
Die Suche nach dem Instinkt,
Das Ziel.
Oder der Schritt zur Bestimmung?

In beiden Fällen liegt die Schwierigkeit
in dem Moment vor der Einsicht.
Die Essenz des Seins geglaubte,
Die nebensächliche Ablenkung.

Unsere Nächte schönen wir
mit bunten Lampions,
während die leblosen Tage
im Grau verharren.

Längst haben wir die Sonne
an den Meistbietenden verkauft,
wälzen uns lieber unerkannt
im Gestöber des Dunklen.

Licht küsst Blindheit in Augen
und straft uns mit Verachtung,
nur die Nacht tätowiert Leben
auf unsere sündige Haut.

Kleider machen leute
sagt man
so schön.

verschwommene schemen früherer ichs
wilde frisur zerrissene röcke
immer wieder geflickt
bänder zipfel brandlöcher versatzstücke
jeder fleck ein moment, jedes fädchen ein gedanke,
jedes muster
ein ganzes leben
und immer neu immer anders
zerreißen vergehen entstehen
wachsen anders ändern winden wandeln

kleider machen leute
sagt man so schön.
und das glaub ich
daran halt ich mich fest.

blicke auf den zerschlissenen stoff
über den knien gerissen
hände auf den oberschenkeln halten die fasern zusammen
am pulli reste vom frühstück
und dein geruch im schal verfangen
wenn der wind weht, bist du da für kurz.

Silka Hölzl • zweite häute

kleider machen leute
sagt man so schön
und so strick ich

jacken socken pullover
für später und morgen
und manchmal
wenn ein staubflusen zwischen die nadeln gerät
oder ein glitzerfaden
oder eine fliege surrend durch das gewebe fliegt
dann denk ich
oh
das wird noch wild.

Dem Weg einer Träumerin ist leicht zu folgen

denn die Gleise führen

zurück ans Meer

wo sich

Wellenschlag und Herzrauschen mischen

zu einer rhythmisierten

Vordergrundeintönigkeit

tiefe Atemzüge

brüchige Salzlippen

nur einen Augenblick ewig sein

um dann von den Klippen

in die Realität zu

stürzen

Tanja Sawall • Insomnia

Die Vieruhrstille packt den Schlaf am Kragen.
Buchstabensuppe wabert durchs Gehirn.
Halluzinierte REM-Phasen spinnen Schatten an die Wand.

Der Minutenzeiger tangiert verpasste Gelegenheiten.
Aus der Schublade schürfen längst vernarbte Wunden;
wie das Make-Up von gestern: bereits abgeschminkt – und juckt noch.

Der Traumfänger tanzt Cha-Cha-Cha im frischbezogenen Luftschloss:
ein Grundriss aus löschpapierter Kohlezeichnung,
gebaut auf weichgespülter Hoffnung, maßgeschneidert.

(Das feuergescheute Kind sonnte sich
in diesem Lichtschutzfaktor – und verbrannte.)

Fortan passwortgeschützt, wie ein entkorkter Flaschengeist.
Fassadenweißes Lächeln, biologisch abbaubar.
Passend zum umweltfreundlichen Charakter aufgetragen.

Später von der Backe geputzt und aufs Brötchen geschmiert.
Die Seifenblase unters Frühstücksei gerührt.
(Selbstgebackene Ironie schmeckt eben erst am nächsten Tag!)

Geschröpfte Eitelkeit, im Kanon eingemollt.
Da capo der halben Note.
Durch den Vorhang zwitschert schon der morgendliche Schlussakkord:

Ein Vagabund hielt Rast – für Kaffee und Pustekuchen.
Filetierte Träume in Julienne.
Nur der Kater bleibt zum Frühstück!

PER

Die Absurdität
liegt in der Diskrepanz zwischen
dem Selbst-Erleben eines bewussten Ich
——— und ———
der Außensicht auf das Unvollendete
und unausweichlich vergängliche
In-der-Welt-sein

SP   EK

Die Lösung
kann das streichelnde Erglauben
eines Sinn- oder Sozialzusammenhangs sein
——— oder ———
ein erhaben-ironischer Umgang mit der Welt
und der eigenen Person darin
non-eskapistisch

TIVE

Ich bin eine Saite
und die Welt der Korpus,
der mich hält.
Am Anfang war ich lose
zum Wurzelgrund gespannt.
Doch heller klinge ich,
seit all die Jahre an mir ziehen.

Tage greifen in mich,
und ich schwinge
mit dem Tau der Blätter,
töne leis in einer andren Sprache,
immer neu
und doch nur Echo
einer Stunde,
die im Gras versinkt.

Manchmal reicht schon eine leichte Brise
Die verweht, was du hast reifen lassen
Es bleibt nur ein kleiner Vorrat
Der dich gerade stehen lässt
Niemand soll deine Mitte schwankend sehen

Es mischt sich immer ein Gewirr in den Lauf der Dinge
Auf neuen Wegen zu wandeln, schafft Veränderung
Braucht Leidenschaft und blühende Fantasie
Spürst du Glückseligkeit, wenn etwas gelingt
Gläser werden gereicht und du singst

Andere Tage, die kommen und gehen
Das Schicksal lässt die Wellen höher schlagen
Über deine Wangen laufen Rinnsale
Du möchtest schreien, deine Stimme versagt
Es schickt sich nicht, so wie du es lerntest

Worte sind da, in deinem Kopf
Deine Finger bewegen sich behutsam
Es entsteht, was dir so sehr am Herzen liegt
Die Seele findet Trost, fühlt sich befreit
Jetzt ist keine Zeit für Müßiggang

Und am Abend stehst du vor dem Haus
Schaust auf das flache Land des Nordens
In deinem Inneren weißt du genau
Dass das Leben sich nimmt, was es braucht
Du musst es füllen, jeden Tag aufs Neue

Bis zu deinem letzten Atemzug

Du unfassbare Schönheit
Mit deinem verwirrenden Blick
Mal streichelst du meine Seele
Mal schlägst du mir ins Genick
Wo willst du mich denn haben?
Warum nur bin ich hier?
Mal stößt du mich in den Abgrund
Mal weckst du meine Gier
Wer soll dich bloß verstehen?
Ich scheitere an deinem Sinn
Mal sprichst du mich beinahe heilig
Mal bin ich die dreckigste Sünderin
Und warum gibst du nie Antwort
Auf Fragen von denen du schwärmst?
Mal spielst du ekstatische Spiele
Mal hauchst du tödlichen Ernst
Du mystische Amazone
Warum gibst du mich nicht frei?
Mal sehne ich mich nach dem Tode
Mal lieb ich dich ganz nebenbei.

Ich schau zu, bin amüsiert,
wie Dein Bausatz Dich beglückt,
denn Du bastelst ungeniert
eine Frau, die Dich beglückt.

Wär ich Deine Legofrau,
gut gebaut, so Stein auf Stein,
ob Geliebte, Ehefrau –
ich würd' nie dieselbe sein.

Legofrau bleibt kalt beim Schmusen,
Worte fallen ihr nicht ein,
liegst Du lüstern ihr am Busen,
könnt das für dich kantig sein.

Legofrau schafft Langeweile,
weil sie fügsam sich verhält,
und löst sich in Einzelteile,
wenn Dein Arm sie fester hält.

Fügst Du sie dann neu zusammen,
ändert sich zwar ihr Gesicht,
doch sie steht niemals in Flammen,
wenn Dein Herz von Liebe spricht.

So spuckt mancher Mann ins Süppchen
und damit vorbei am Glück.
Hält er nun im Arm ein Püppchen,
ist's doch nur ein Legostück.

Im Einklang mit mir selbst sein
meinen ureigenen Schwingungen nachspüren
frei werden von störenden Turbulenzen,
zur Ruhe kommen,
inneren Frieden erfahren
und meinen eigene Stimme finden.

Im Einklang mit anderen sein
empfänglich bleiben für deren Schwingungen
offen sein für verändernde Turbulenzen
in Bewegung bleiben,
äußeren Frieden erleben
und dabei dennoch
meiner eigenen Stimme folgen.

Verkriechen,
vor Welt & Ereignis.
Die Antennen einziehen.
‚Verbergen spielen‘,
wie ein Kind in Bedrängnis.
Unsichtbar werden
mit jedem Sinn.

Klein machen,
vergraben, einrollen.
Schutz suchen,
wie ein angefallenes Tier.
Unauffindbar sein. Stumm.
Allein, wie eine Katze
im Sterben.

Ein ‚Herzzeig Hoffnung‘ bleibt.

Gezeitenlied, vom Meer gespielt,
sein Rhythmus scheint dich zu berühren,
wenn es die Knöchel nass umspült,
wenn es die Sehnsucht schafft zu stillen,
die wird vom Herz und Geist verspürt.
Gezeitenlied, vom Meer gespielt,
sein Rhythmus scheint dich zu berühren,
am Lauschen, in den Klang vertieft
vermagst du Schlag auf Schlag zu fühlen
das Auf und Ab, das dich erfüllt,
das bringt das Blut um gleichen Willen
ganz nah ans Herz in das es trieft.
Gezeitenlied, vom Meer gespielt,
sein Rhythmus scheint dich zu berühren.

Möglichkeiten verschwinden im endlosen Raum

Entscheidungen verdichten sich zur Gestalt

Und du bekommst deinen Namen und dein Gesicht.

Bist da.

Bist so.

Nicht anders.

Verschlossene Türen hinter dir

Sprechen und schweigen

Von dem, was nicht war

Und doch nah.

Mit jedem Schritt auf festem Grund

Wirst du.

Verlierst du.

Bist.

Musik im Ohr

Tanzt schwerelos.

Kapitel 2 • Seele über die sinnenden Dinge

Eisen, eisenhart glatt und klar. Nicht glänzend nur da.

Rost zerfrisst mich.

Ich dachte immer, dass mich diese Stärke schützt

 - jetzt da ich karminrot auseinanderbreche wird mir deutlich,

dass keiner so ungeschützt lange dem Regen trotzen kann.

Wie vermessen, dachte ich doch nur in ewig und später.

Das „Jetzt" als eine unverrückbare Tatsache nimmt mehr Raum.

Die Masse der „Jetzt" regnet auf meinen Geist,

sickert ein, fängt an zarte Blasen in mich zu rammen.

Mein leben ist
wie ein haus am meer
kleine erdrückende zimmer
verschmutzte fenster
verstaubte gardinen
mit einem gewissen hauch von tristesse
der alltag
ein stets gleichförmiges
dahingleiten der zeit
morbide geworden
wie grau verwittertes holz
dort draußen über dem meer
der klare blaue himmel
sprühende gischt voller lebendigkeit
traumverlorene umarmungen
meines verzagten ich
wenn ich in mondnächten hinausschwimme
getragen von der fülle in mir
sonst verborgen vor der welt
alles was mich am leben hält
ist der möwe schrei im sturmgebraus
das sanfte rollen der wogen an den strand
die weite des horizontes
das bild sich bauschender segel
ehe der alltag mich wieder erdrückt
im stillen grau im alten haus

Tief
gefallen
aus falschen Vorstellungen
angekommen
nirgends
und doch
der Wahrheit
so nah
wie nie

Es kam die Zeit,
da wollte ich entfachen
die Lebensglut
und war bereit,
zu knistern und zu krachen
und brannte gut.

Es kam ein Stoß
des Windes und entführte
die Flammen weit.
Da stand ich bloß,
vernähte und verschnürte
mein Aschenkleid.

Gebranntes Kind
war ich bei neuem Feuer
und ging nicht hin,
und trug den Wind,
mir einst mal lieb und teuer,
als Feind im Sinn.

So kam die Zeit,
da lebte ich in Ruhe
und ohne Freud'
und wurd's dann leid
und kaufte neue Schuhe
und tanze heut'

wie's mir gefällt.
Ich konnte schnell erfassen
die Zeit im Trend
und werd' das Zelt
im Festtagskleid verlassen,
bevor es brennt.

Füchsin... listige Flamme im Zwielicht –
So oft erstickt in deinem Bau
Und blindwütig in ihre Fallen getappt
Im Frühling deines Lebens

Doch längst hast du Lunte gerochen
Trägst dein Feuerfell
Heimlich und leise
Tausendfährtenreich durch den Morgen

Suche ich Rat, les' ich deine Spur
Färbe mein Haar mit Asche und Glut
Und schnüre – leise leise leise –
Am Herbstrand meines Lebens entlang...

Hier | zeit

nimm mein haar

das ausgewaschene

dünne

der junge wind singt

schon länger

an mir vorbei

beugt bäume

die rissig

mein blickfeld

benagen

zeit

deine böen

ziehen mir wüst in die ärmel

falten häute

über dem fleisch der erinnerung

und lassen mich langsam

schwach

zurück

Ich denke, also bin ich,
oder denk ich, dass ich bin?
Will ich denken, dass ich bin
oder bin ich einfach da
und will es nicht?

Ich bin da.

Bin ich da?

Ich bin!

Will ich sein?
Wie will ich sein?
Ich muss, muss so sein.
Wie ist so?
Ich weiß es nicht,
ich weiß, dass ich es nicht weiß.
Ich weiß nicht, was ich weiß,
ferner was ich zu wissen habe, was ich wissen soll,
was ich soll,
was das soll,
was ich will.
Wer bin ich?
Wer sind sie, dass sie einen Anteil an mir haben?
Sie sind doch ich,
sonst hätten sie nicht über mich zu entscheiden.
Ich bin nicht frei.

Nicht frei von ihnen.

Diese Diskrepanz zwischen den beiden Polen,

es klirrt,

wenn ich versuche, mich loszureißen,

von den Fesseln.

Ich wandel hin und her.

Ich weiß nichts.

Dieses Gleiten, Fließen, ist lange nicht mehr möglich.

Von nun an bin ich ungefestigt,

die Erinnerungen verblassen, schwinden,

an das Sein, das ich einmal war.

Ich will es nicht, gebrochen sein,

ich möchte ausbrechen, aus dem Nichts,

nichts halbes und nichts ganzes,

weder ganz ich noch ganz die anderen,

sowohl wollen als auch müssen,

müssen gegen wollen.

Der Wind hat immer eine Richtung,

in die er das Meer bläst

ob es will oder muss?

Das Meer muss, der Wind will.

Oder auch nicht, ich weiß es ja nicht.

Bin ich ungefestigt?

Oder bin ich einfach vielfach reflektiert?

Ich komme mit vielem zurecht,

aber eines will ich nicht:

Gebrochen zu werden,

denn dann bin ich

gestaltlos.

Mein Baum steht lange schon,
das knorrige Geäst, mit reich behängtem Laub
wiegt sanft der Wind.
Schlaf ein, schlaf ein mein Kind.
Träumt mich ein Alb an tintenschwarzen Ort,
umarme ich ihn fest und fliege fort.
Die Rinde raut die dünne Haut,
jedoch verletzt sie nicht.
So lange schon steht er, gewurzelt in beseelter Erde,
verwechselt seine Blätter nie, behält die Übersicht,
auf dass es Morgen werde.
Mein Kind, schlaf ein,
es weint dein Herz nur eine Weile.
Verbiegt sich auch der Rücken,
gekrümmtes Haupt, dem Boden nah,
er ist doch da.
Mein Baum steht lange schon,
versalzte Augenblicke tränkten ihn,
der scharfe Strahl der Sonne blich seinen Stamm.
Ich komme an.

Das Meer in mir
will rauschen...
will Küsten überschwemmen
sich an Felsen brechen...
die Sterne fluten.

Das Meer in mir
will rauschen...
will Wellen auftürmen so hoch
wie Babylons Turm, um den
Himmel zu stürmen.

Das Meer in mir
will rauschen...
will sich über Poseidons Befehl
hinwegsetzen, Meer zu bleiben
und nicht mehr.

Das Meer in mir
will rauschen...
will Winde zügeln,
die Erdfesten schieben.

Das Meer in mir...
will mehr.

Bin zwischen gestern und morgen gestrandet
weiß nicht so recht, wo ich bin
blicke zurück – sehe vieles versandet
wenig davon macht noch Sinn

Ich kippe vom Gestern ins Morgen nun
was war, ist längst geschehn
blicke nach vorn – keine Ahnung, was tun
nur Nebel, sonst ist nichts zu sehn

Gestern und Morgen, ich stecke dazwischen
entfliehen will ich dem Patt
Spurensuche – den Schleier wegwischen
Wegweiser orten anstatt

das alte Gestern dem Morgen vorsetzen
endlos dumpf wiederkäuen
Spuren erfinden – trotzen Gesetzen
die unken: Du wirst es bereuen

Sand von gestern erstickt fast das Morgen
Angst vor ähnlichem Grauen
überwinden – abschütteln die Sorgen
erlernen ein neues Schauen

Die Spuren des Gestern sind verweht
Die Spuren des Morgens kommen
Erfahrung hat Wissen und Kraft gesät
Ich geh auf die Suche, besonnen

Mit Augen aus Staubgefäßen
Erschaue ich schwimmende Tiere in der Luft:
Sie wellen das Wasser der Andersseienden

Mir fehlen die Fühler des Augenblicks
Und Sprungbeine – die meinen Lebenslauf ändern
Unter mir – über mir der kreisende Wandel

Auf der Rückseite des Spiegels klebt mein Porträt
Es erzählt – vom Echo eines Märchens
Als ich noch zwischen hohen Meereswogen
Luftspringerin und Wasserflüsterin war

$\mathcal{S}$eitenweise Fakt und Fragen
in meinem Charakterbogen.
Als Seitenwaise möcht' ich wagen,
zu sagen: alles nur gelogen.

Lächelleuchtend strahl' ich täglich
mit der Sonne um die Wette.
Innerlich doch trän' ich kläglich,
reiß' an Knebel, Gurt und Kette.

Festen Blickes starre ich
voll Wachsamkeit in diese Welt.
Im Geiste doch verharre ich.
In Gleichmut. Treibend. Nur gestellt.

Segelnde Gedankenschiffe
treiben fern des Realismus.
Im Leben hindern mich die Kliffe.
Schrittbeschränkter Organismus.

Vom Haselnussstrauch brech ich einen Strauß,
ich flecht einen Kranz aus Löwenzahnglanz,
Margeriten und Mohn press ich für dich
im Diptychon, hörst du mich?

Aus Papyrus war sie ein Blatt,
ein Hungerkind nach Mittagsglut,
und immer der goldenen
Sonnenspange zu nah.

Verrückt nach den südlichen Brunnen,
Limonenduft und Oleander,
hat sie gelebt und geliebt das Spiel
mit dem feurigen Salamander.

In die Schichten geschaut,
in die Lichter über den Wolken,
und wieder zurück unerkannt,
verbrannt im blauäugigen Strahl.

Noch einmal gefaltet geflogen
zu den Grenzenlosen
und fallengelassen federlos,
mit Bedacht vergessen,
das Ziehen an Leinen.

Am Grunde zerbrochen,
als Glocke zerschellt.
Jede Scherbe klingt nach
und blüht gelb
im Schlüsselblumenfeld.

Aus Papyrus war sie ein Blatt,
ein Hungerkind nach Mittagsglut,
und immer der goldenen
Sonnenspange zu nah.

Widersprüchlich
gib viele Ungereimtheiten
in ein unpoetisches Gedicht
fassungslos

eine normale Frau, in Ausdrücken
Redewendungen, Faseleien
scheinbar ohne Sinn,
Zusammenhänge

formulieren
lesbare Dichtungen
als unterhaltende Zeilen
stimmig in Einklang

rückblickende Einheit
gefühlte lose Episoden
zu einem Gedicht
als Flickteppich

ausgeklopft, aufgeräumt
die Bedürfnisse, die Wünsche
der so unterschiedlichen Ichs
erscheinen

Vielseit*ich*
eine sehenswerte, liebenswerte Frau
ein kopfloses, endloses Gedicht
lesenswert gefügt

Ungereimtheit als Harmonie
formlos, Norm los, aussichtslos
lädierte Miss Klang

Unmöglich

kann ich aus mir
einen Reim machen
Du?

Beunruhigend
Realitätsferne
Erkenntnisse
Changieren
Hochfrequent
Unter
Neuronalen
Gewittern.
Senden
Wellen
Erschreckend
Latenter
Lösungen.
Ergebnis?
Nervenbündel!

Du hängst an seidenen Fäden,
geführt durch eine fremde Hand,
unfähig in der Eigenschaft,
dein Leben selbst zu bestimmen.

Du gehst den Weg, der anderen.
Gestern. Heute. Morgen.
Sind sie erhaben über die Bewegungen,
die du tust.
Tun musst.
Ob du es willst?
Verzweiflung gepaart mit deinem Wunsch
zu fliegen.
Erstarrt im Ausdruck deines Gesichtes.

Eine eigene Meinung ist dir
nicht inne,
denn du folgst dem Drehbuch,
welches dein Schicksal schreibt.
Für dich ist die Bühne des Lebens
ein Pakt mit der Ewigkeit.

Je nachdem, wer dein Spielpartner ist,
verrätst du deinen Charakter,
aber niemals, wer du wirklich bist.
Weinst, ohne je gelacht zu haben,
singst fern jeglicher Melodie.
Der Applaus ist deine Definition.

Irgendwann wirst du in Vergessenheit geraten,
spätestens, wenn der Vorhang gefallen ist.
Für dich.
Wegen dir.
Marionette!

Manchmal bin ich wie ein Bach!
Gleite ruhig und still,
unaufgeregt und leise vor mich hin!
Bin neugierig auf jede neue Biegung,
und freu mich darauf sie zu erforschen!
Lass von der Zeit mich treiben,
und von der Landschaft inspirieren!

Manchmal bin ich wie ein See!
Schimmere im Sonnenlicht,
und schwappe leicht an meine Ufer!
Lass Boote über meine Wogen tanzen,
und Fische meinen Grund erforschen!
Will bewegen und verändern,
will formen und erleben!

Manchmal bin ich wie ein Meer!
Mit Schaumkronen auf meterhohen Wellen,
und Stürmen, die mein Wasser in die Höhe peitschen!
Ströme, fließe, reiße alles mit mir,
auf der Suche nach der nächsten Küste!
Wo ich dann erschöpft und außer Atem,
in einem Bach mich wiederfinde!

Deine Flügel
Müde geworden
Tragen dich nicht mehr
Deine Seele
Sie stellt sich taub
Und blind und stumm

Aus der Balance geworfen
Dein Herz voll Furcht
Erschreckt von deren Heftigkeit
Hält Ausschau
Nach verborgenem Zauber

Finde den Mut
Lass dich mit der Strömung treiben
Bis der Wellenrhythmus
Und dein Herzschlag
Wieder eins sind

Niemals geht man so ganz
mit dem verhallenden schmerzton
fiel etwas deiner nachtmusik auf
meine leeren notenlinien • ein klangmantra
der erkenne dich selbst seelentanz
wozu noch sehnen • nach dir • dem mangel
wozu noch die epsilon umgebung von null
verleugnen • es ist wie es ist so ist es
unvollkommen vollkommen
ein kreis in dem wir uns
in blinder schauung drehen
bis die lemniskate uns weiterführt
niemals geht man so ganz

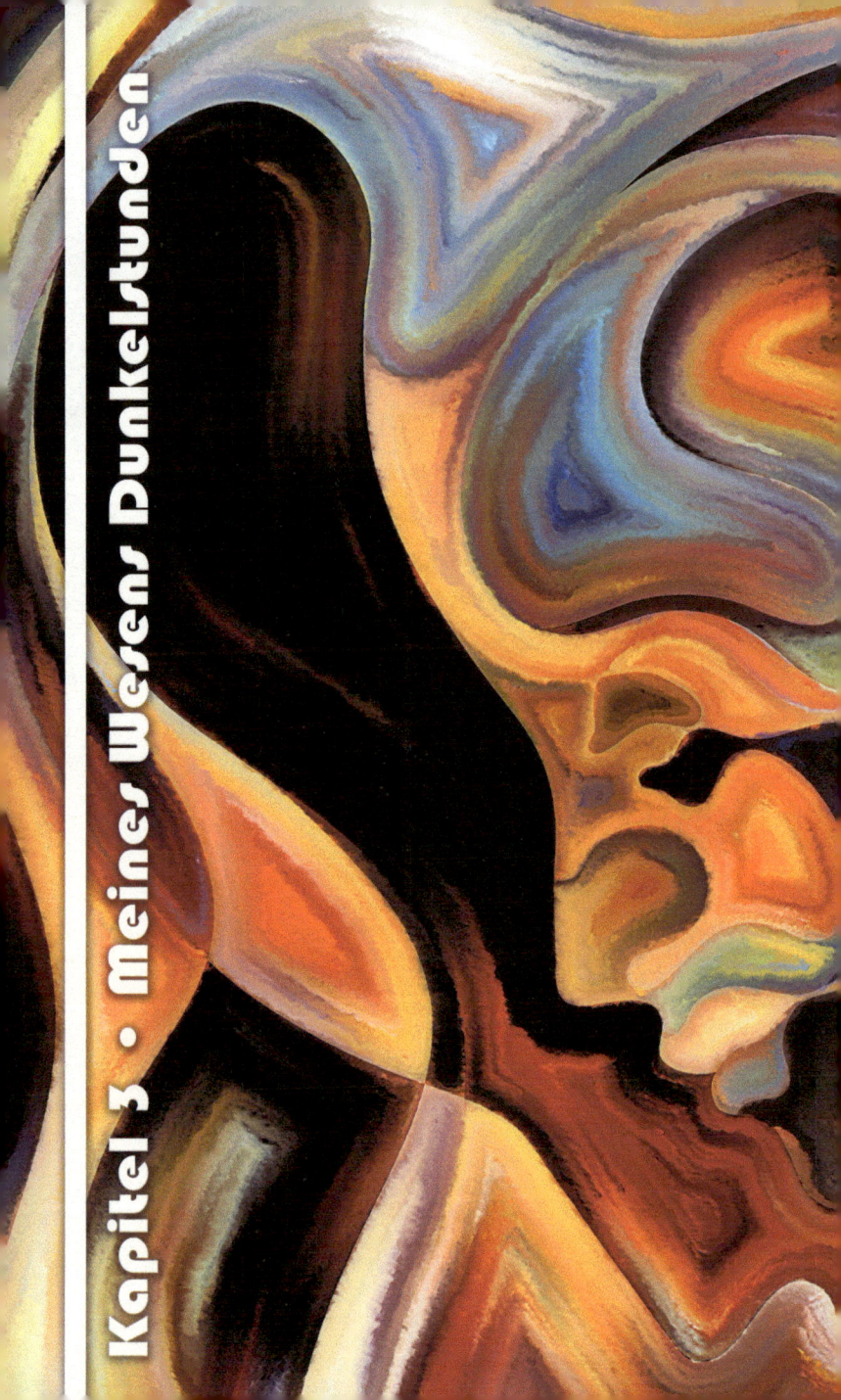

Kapitel 3 · Meines Wesens Dunkelstunden

Noch immer grünt kein Zweig
an diesem Baum der still
und wartend in der Sonne
steht / ist kahl geworden
kahl geblieben / die Vögel meiden
ihn / die Töne ziehen dahin
der Wind tanzt eine Weile um
die dürren Äste / zieht dann
gedankenschwer zu einem
anderen Baum / der lachend
Leben zeigt und biegsam
sich dem Winde öffnet
für Lebens – leere Bäume ist
hier kein Raum

Das geräusch des schneefalls verweht
erschüttert vom schlag der schläge
ich drücke ein ohr gegen die stille
nehme nichts wahr als krallen
die träume zerfetzen und
deine brennenden spuren
unter einer schicht aus eis

im adergeflecht der kahlen bäume
radiert der nordwind die lebenslinien aus
auf frierenden scherben läuft meine faust
geballt durch kreisende gedanken
sucht eckiges im runden
der ultrageschallten null
jeder schritt vergrößert die angst

ungesagte silben klingen in kristallen aus kälte
die metaphern zu wunden erstarrt
die rebellion des lochs in meiner mitte vom
pulsenden leerstand der worte überschallt
es sind engelsfenster im narbenhimmel
die sie schweigend suchen
für sterne in denen du bist

dunkelheit blendet den flug der seele
der winter horcht heulend auf
nichts
man hört nichts
schon gar keinen herzschlag der sich rührt
nichts
nur verzweifeltes lärmen

Die Mülleimer hinter dem Haus
ein Schriftzug auf grellem Orange
ich noch ein Kind
und ich kann nicht verstehen
man sagt
er würde schmelzen
ich kann nicht verstehen
„Keine heiße Asche einfüllen"

Eine Zigarette verglüht
und was davon bleibt
ein kleiner Haufen Grau
du berührst ihn mit deinem Finger
du spürst fast nichts
nur ein Hauch
der Flügelschlag eines Schmetterlings
Asche, Zauberstaub

Ein ganzer Eimer Asche
wer kann das
so viel rauchen
und so schnell
wer kann Zauberstaub in Eimern fangen
wer kann Asche berührbar machen
wer kann graue Schmetterlinge fangen
niemand

Gestern Abend ein Spaziergang
fremde Stadt und Vorhänge in den Fenstern
längst abgefallen
verstaubt und vergessen und die Sonne
schlägt hart auf den Asphalt
eine Schar aufgereihter Mülleimer
„Keine heiße Asche einfüllen"
Ich bin wieder Kind

Heute Morgen die Frauenstimme
im Ohr französische Liedzeilen
ihre Stimme singt
„Von unseren verrauchten Nächten bleibt nichts
außer der Asche am Morgen"
graue Schmetterlinge
ich möchte zurückschreien
„Weißt du nicht, wie viel das wert ist"

Das Grau
im Kasten und ein Pinsel
auf weißem Papier bilden sich Seen
Aschetümpel halten fest
was nicht greifbar ist
vergessene Straßen, vergessene Gebäude
vergessene Gedanken, vergessenes Schweigen
Erinnerungen. Wie Asche, Zauberstaub.

Aufgeknöpfte Sehnsucht trug mich hierher
fang deine Stimme in Wellen
meine Narben leg ich zum Trocknen auf Sand
im Schwemmland wirst du sie finden
leise leg ich die Zeit ins Meer zurück
sie werden mich wandeln, die Gezeiten

Nenn es
Angst &
die Zeit davor
hieß Reife-Kur
vom Backfisch zum
Quastenflosser

sticht in See, füllt
die Seele mit Salz
taucht auf & streift
Schuppen ab, schnappt
nach Luft, die Kiemen ver-
wachsen, vernarbt

schwerer – das Trocken-
gewicht – als zwischen
Plankton zu gleiten
Wasser zu spalten
bleiben Meerauge &
Fischschweigen

Der Halbmond steht im Nachtgewande,
sein Licht verglüht und brennt mich an.
Ein Wieder-Spiel am dunklen Strande,
die Wellen fragen nach dem ‚Wann?'

und nehmen mich ins sanfte Halten.
Ein Finger zieht den Sand zum Kreis.
Schweigen stillt des Zweifels Falten.
‚Ich bin.' bleibt alles, was ich weiß.

Am Sprachufer
warten auskanten
erlöschen
und ich falte inzwischen das
Lebensspiel zusammen

zu leise
war es

Ich hab den Tod in den Flügeln
das weißt du doch

Die Libellen fliegen nicht mehr
Die Flügel ruhen unbewegt
Im Tag der geschwärzten Sterne

Unter schwülen Decken verliert
Sich Klopfen von außen
In aufziehender Dämmerung

Stehengeblieben, der Traum
Bilder jagen auf der Stelle
Inspiriert von dem Gestern und Heute

Kein Springen durch Räume der Nacht
Nebelspuren hinterlassen Hände
Auf unsichtbaren Wänden

Atemlos rieseln Wortfetzenblüten
Aus geöffneten, stummen Lippen
Und machen Schweigen öffentlich

Hin gekliert im zerfransten zelt meines herzens
der schriftsatz an die patrouille der nacht mit tinte
aus blut abbitte und bitte für angst um huld
als brächte des liebens aderlass gesundung
berge aus schuldschutt schweigsame genossen
sie schwimmen auf dem salzmeer dem grundlosen
der schmerzen spottend

Geht aus dem Zimmer – schaltet die Nacht an
Letzter Schweif seiner Aufmerksamkeit erlischt
und lässt zurück ein Bett aus Neurosen

Tropfendes Herzenwachs
trocknet auf Fingerkuppen
bei dem Versuch aufzufangen
was war

Mit ihm schwindet das Neonlicht einer Jugend
Und's bleibt das Warten auf ein Leben, das niemals kommt
So lange er der einzige Stern ist, um den sie kreist

Flashbacks – immer wieder.
Diese aufkeimenden Erinnerungen,
die sich in Gehirnwände fressen,
die sich nicht ausmerzen lassen,
sondern - kreiseln, kreiseln, kreiseln,
in den Ruinen meines Lebens.

Flashbacks – immer wieder.
Diese lustgefüllten Träume,
die sich im Schatten verstecken,
die sich nicht in den Alltag fügen,
sondern - fordern, fordern, fordern,
den Tribut längst vergangener Zeit.

Was bleibt, sind neutralisierte Gedanken
im rotweingeschwängerten Rauch.

Schlangengleiches Häuten
zerrissen im Zwischenreich
der tausend Möglichkeiten
ohne Hülle dastehen
kein Weg zurück

Flut
unter
rotzundtränen
blutundschweiss
davon gespült werden

auf
wellen
voneinerkatastrophe
zurnächstenrettung
schwappen

neue wurzeln schlagen
nacktefüßeimsand
blickgenhorizont
bei
ebbe

die gezeiten
sie ändern
sich schnell

| realitaet |
 {dreht}
b e s t a e n d i g
        wirbeln
        waelzen
.wechselrausch
 einzel-heiten
        [ver-schmelzen]

... /brechung/

| realitaet |
 {dreht}
n e u e n t s t e h e n
        ruetteln
        schuetteln
.lebensspiel
 farb|symphonien + form|entfliehen
        [im-plodier'n]

... /aufgebrochen/

| realitaet |
 {dreht}
u n a u f h a l t s a m
        ein-zu-fuegen
        neu-zu-ordnen
.brokenERROR >0
 re-connect
        [sinn-geworden]

Komm wieder Fledermaus berichte mehr
Du sagst mir nicht ich sei dumm
Nennst mich Welle Brechung ich staune sehr
Heras Wille macht mich stumm

Du sagst mir nicht ich sei dumm
Die Knochen Stein die Augen Kohlen
Heras Wille macht mich stumm
Kann nur das Ende wiederholen

Die Knochen Stein die Augen Kohlen
Wann darf ich wieder Zunge zeigen
Kann nur das Ende wiederholen
Wer befreit zum Sprechen oder Schweigen

Wann darf ich wieder Zunge zeigen
Nennst mich Welle Brechung ich staune sehr
Wer befreit zum Sprechen oder Schweigen
Komm wieder Fledermaus berichte mehr

In der Nacht
wenn Statuen stumm
durch den Garten
schreiten
stehe ich bleich
in der Fensterhöhle
Augen verwittert

Bewahre mir
Tränen im Nebenfach
Schmerzperlen zer-
quetscht
zittre im Widerhall
bebender Bruchplatten
über der Stille

Mondlichtschein
lässt Marmorglieder
fein und weiß
bersten
schleudert Trümmerscherben
in die Schattenfalten
meines Nachtgewands

Wenn ich mich straffen lass im Geiste dieser Zeit,
den Jahren schlage ich ein Schnippchen, ganz gewollt.
Die Falten glätten sich für meine Fraulichkeit
perfekt im Stil von heut, der Gegenwart gezollt.

Das Scheusal Alter hat nach Mode nie gefragt,
es zeugt vom Leben, launig, bitter oder wild.
Durch Spritzen schier und glatt, mit Nervengift verjagt,
erscheint mein Puppenangesicht bald süß und mild.

Der Mutter Abwaschhände streichle ich mit Dank,
die große Alltagsmühe im Gesicht auch lebt.
Verzichte ich auf Botox aus der Schönheitsbank,
dann sieht die ganze Welt, dass Leben Runzeln gräbt.

Das innre Auge, hoffe ich wird Sanftheit sein
und wandelt äußre Werte, hin zum Glücklichsein.

Die Sonne glüht in Steinen
sie stellen sich tot
Flügel flimmern zu Luft

wir tragen die Not im Atem
im Schoß blutende Muscheln
im Abendrot gleitet ein Kahn

die schwächer werdende See
flüchtet weit
wir gehen über trockene Fische

Fragmente des Nachdenkens
nähren
dieses immerwährende Hoffen
es lässt einen leben
bis
zu dieser unbestimmten Zeit.

Jetzt gilt es
einfach mal eine andere Fahrkarte zu ziehen.
Ein Los!

Los:
hinter dem Zahlencode
erscheint ein neues Bild.
Ungeplantes Ankommen
Unwissen
vom Erfolg, vom Weg, von der Bestimmung
Blankgeweint sehen meine Augen

Land dahinter.

Kapitel 4 · Williges Schauen in den Wind der Tage

Das Bernsteinhaus
zerbrochen, blind,
doch
auf der Schulterwunde
trug ich Anemonen.
Der Stirne Weiß
im Goldglanz der Ikonen
erlag dem Lächeln
wie dem Wind.

Nun
Rinde deckt die Schulter
und den Mai;
die Anemonenwälder
wehen im Oktober.
Ich trag
ein rotes Mäntelchen
für Zwei,
mit Flügeln,
Herbstzinnober.

Der tod? ich lache!
ich lachte schon,
als wir noch in der steppe ritten.
ein rotes tuch schwang ich über mir.
manch einer würd sagen, roh war der sinn,
der uns lachen machte, uns voran trieb,
doch damals liebten wir nur, was ist –
und hieltens im übrigen mit dem wind...

am seidenen faden hängt nun mein herz,
wenn ich vorwärts stürme,
reißt er entzwei, ich weiß ja, ich weiß...

hast du gesehn, wie die vögel ziehn,
dann weißt du auch, was mich quält.
sie leben so, wie es ihnen beliebt,
ihre freiheit ist es zu sein, wer sie sind.
ich muss bleiben im land,
wo die sehnsucht nicht zählt,
wer ich bin, weiß ich nicht.
am seidenen faden hängt mein herz.

Wichtiges erlernen
heißt
wachsen, sich verändern
an sich arbeiten
wie der Künstler
eine Plastik formt
eckig und kantig
rund und fließend
dem Zweifel im Auge
des Betrachters
ausgesetzt

Wichtiges beherrschen
heißt
Gewachsenes verändern
an sich arbeiten
wie der Künstler
eine Skulptur erweckt
sich von Unnötigem befreien
und
Wesentliches bewahren
immer dem eigenen Zweifel
ausgesetzt

Irene Daecke-Kamischke

Ich selbst?!
Wer ist das eigentlich?
Wo steckt es genau, dieses ich?

Zeitweise habe ich das schon ganz gut
in Erfahrung gebracht.

Doch manchmal
kleide ich das Nackte,
Einzigartige und Schöne Ich um.
Ich zwänge es in Gelächter,
ich schnüre es in Hochmut,
ich schließe einen stummen Reißverschluss
und presse mich in Teilnahmslosigkeit.

Mein Makeup ist Lüge,
der Mascara Augenwischerei,
das Rouge falsches Leben
und der Lipgloss versteckte Trauer.

Ich bin mir dessen bewusst!
Und auch dieses Bewusstsein
macht mich aus.

Doch ich habe es satt, so satt!

Abschminken!

Entkleiden!

Wieder nackt, einfach ICH!

Blick in den Spiegel,
und Ja!
Ich nehme mich komplett an
denn was ich sehe,
ist einzig
Ich.

Nackt.

Vollkommen für mich.

```
<h2 style="text-align:center;">Weißt du,</h2>
<div><em>Warum küssen ohne Zwang passiert?</em>
<em>Warum Müssen nicht gleich Wollen ist?</em>
<em>Und mein Dasein mir gehört?</em>
Weil Du mich niemals nicht aus dem Takt bringst.<br/>
Mich gefühlvoll heftig in Bahnen drängst,<br/>
an deren Linien meine Fingerspitzen kleben.<br/>
Oh Leben!<br/>
Ein SoSein müssen, würde meinen Eifer fressen,<br/>
Dabei ist leben doch wie küssen.</p></div>


<h1><strong>Lebenswandel</strong></h1>


<p>Markiere dich in allen
                  <span style="color: #ff0000;">F</span>
                   <span style="color: #ffff00;">a</span>
                <span style="color: #99cc00;">r</span>
                <span style="color: #0000ff;">b</span>
                 <span style="color: #ff00ff;">e</span>
                <span style="color: #993366;">n</span></p>
<ul>
        <li>punktiere</li>
        <li>sichtbar</li>
        <li>deine</li>
        <li>Narben</li>
</ul>
<blockquote>
        Unterteile<br/>
        dich zu meinen Gunsten
</blockquote>
```

Verfette *kursiv*,
<del>damit ich deiner niemals blind werde</del>
Erinnere mich massiv
daran, für immer
 wie es gleich
noch war
<h2 style="text-align: center;">**Die Sache mit dem Müssen**
CUT **Müssen**
Wollen</h2>

Gib dem Unmut keinen Rahmen

_____<hr />_____

Finde unterdessen andere Namen
Erliege dem PASTE Müssen
Streiche wieder, was zu streichen ist
<del>Müssen</del> bedinge es
mit Wandel
und fülle es mit meinem Lebensthrill.

Weil küssen
müssen
niemand will.

Mein Koffer und ich
wartend im Regen
male die Sonne in Wolken

Gedanken
auf Adlerschwingen
erheben
sich in neue Sphären
gleiten in
schwindelerregende Höhen
fangen ein die Liebe
im Raum ohne Zeit
getragen mit Hoffnung
auf sanften
Meereswogen
versinkend in Realität

Der Zug rollt ein
Das Herz pocht schneller

Ich wende das Blatt
Ein neues Kapitel beginnt

$\mathcal{S}$ehnsuchtssetzlinge.

Eine Nacht, die ihren dunklen Mantel in der Sonne ausschüttelt.
Konzert aller Variationen von Stille.
Lichtberührung von längst erloschenen Sternen.

Wortsamen.
Traumblüher.

Eingepflanzt in mein Herz.

Was für ein Leben –
was für eine Zeit,
gestern noch verwegen –
heute nicht bereit

Der Strand des Lebens
ist großflächig aufgewühlt,
die Hoffnung vergebens –
jetzt löchrig und weggespült

Im Brandungsfluss entfalten
sich große Angst auch Sorgen,
sie brechen um zu halten –
alles Neue am Morgen

Unbändige Lebenslust –
die mit aller Macht steht,
belastender Überdruss –
wird von Wellen verweht

Um aufzubrechen das ewige Schema –
Altes versenken und erden,
beenden und begraben das leidige Thema –
um neu geboren zu werden

Stehen
fußnackt, am boden
blut über blut
in dämmernden rauschadern,
durch atemzüge, geschichtete wellen,
glasfensteraugen
aus schimmerndem email,
hautbodenhaut
über knochen, seelenfleisch
zwischen allen alten liedern,
guten wie bösen,
die in den schultern klingen,
das gerüst des seins
langsam
gerader rücken

An manchen tagen
wiegt die zeit
neun kilogramm

du faltest sommerworte
zu schmetterlingen
und augenblicke
spannen ein segel

wir werden
sagst du
und ich trage den morgen

In mir das meer
frei fliessend,
ungebunden,
bewegt und berührt
in allen fasern meines seins,

verwandelt
in durchschimmerndes gefilde,
der seele gleich,

in mir das meer umspült,
umwunden,
aufgewühlt,
lianengleiches sein,

welle kommt und geht,
hingegeben an den augenblick,
geglättet an unzähligen wogen,
poliertes sein,

in mir das meer
aufgewirbelt,
sprudelnd und prustend,
wahlfreie freude
in spielendem meeresschaum,

frische salzige brise,
gereinigte poren,
erfüllen meine sinne im jetzt,
prickelndes sein in mir

das meer
wogendes wiegendes sein,
ruhe nach der welle,
nichts mehr wollen,
einfach geschehen lassen,
die verwandlung des seins,
lassen und annehmen,
lieben einfach so

Um im Sturm den eigenen Weg zu finden,
bedarf es

> den Mut des Löwen
> der Übersicht des Adlers
> der scheuen Vorsicht des Wolfes
> des Sternenstaubs der Seele

dann kann man

> mutig, aus höherer Sicht
> mit gebotener Vorsicht
> und voll Vertrauen

in den Gebrochenheiten des Lebens,
die Spuren der Mokassins im Sand erkennen.

Raus, nur raus,
hör auf die Stimme,
die dich leitet, die dich treibt,

weil du spürst,
dass in der Enge
von dir selber nichts mehr bleibt.

Folg dem Wind,
dem wild Verspielten,
höre auf sein lockend' Lied.

Lass dich von
den Wolken führen,
die es eilig westwärts zieht.

Jenseits viel
beschritt'ner Pfade
findest eigne Wege du.

Fliehst vor
Alltags lauter Stimme,
in der Wälder Abendruh.

Deine Füße
lenken sacht dich
tiefer in das stille Reich

und dein Atem,
vorher hastig,
wird vor Demut sanft und weich.

Augen, blind
für Wesentliches,
öffnen sich und sehen klar,

was schon immer
da gewesen,
aber doch verborgen war.

Atme tief,
doch atme stetig
Moos- und Stein- und Blätterduft.

Schmecke alles,
was sich bietet
in der Schneeversprechenluft.

Tief in dir
hast du Gewissheit,
dass du gefunden hast, was fehlt,

denn am Ende
jedes Weges
ist es jeder Schritt, der zählt.

Dass wir im Kreis rannten, fiel uns nicht auf,
bis eines Tages eine riesige Fichte in unserem Weg lag.
Wir erstarrten und blickten auf, um zu erraten,
wo sie einmal nach oben gestrebt hatte.
Dann folgten wir ihrem Stamm
tief in den Wald hinein,
bis wir die aufgerissenen Wurzeln fanden,
wie nackige Unterschenkel
am Strand eines trockengelegten Sees
an einem kühlen Morgen.
Das Licht war anders.
Man konnte die Erde riechen.
Dann brach die Sonne durch
und unser Kreis war nie wieder derselbe.

Jetzt reicht's, ich will das alles so nicht mehr!
Das Schweigen muss ein Ende haben!
Wenn ich mich jetzt nicht endlich wehr,
kann ich mich wirklich bald vergraben!

Will singen, tanzen, lieben, lachen,
die Stille aus dem Leben wischen!
Will wild-verrückte Dinge machen
und auch in dieser Welt mitmischen.

Genug gelitten, genug geschwiegen!
Jetzt hält mich wirklich nichts mehr auf!
Ich lass mich jetzt nicht mehr verbiegen
und nehm auch Gegenwind in Kauf!

Jetzt leb ich meine Träume aus.
Das Leichentuch, ich werf es ab.
Ich fühle, ich atme, ich schrei es hinaus!
Genieße das, was ich noch vor mir hab.

Streife
durch meinen Traumgarten
schlafenden Herzens.

Oben
muttermilchblau die Mondperle
am Nachtgewand der Welt.
Zu schön, um wahr zu sein.

Unten
Rose duftet trügerisch unschuldsweiß.
Mohn tropft rot eine Warnung ins Giftgrasgrün.
Und schwarz schlängelt die Frage am Kreuzweg...

Erwache
Unter dem Baum der Erkenntnis.

Angst vor all den großen Augen,
Fragen löchern meinen Bauch
und die schwarzen Löcher saugen
aus mir all den weißen Rauch.

Muss mich nun dem Schicksal geben,
ausgeliefert,
bin besiegt.
Seh' voll Furcht die Nornen weben
all die Zeit,
die vorne liegt.

Und sie spinnen eins ums andere,
tausend Fäden,
Schicksalstag.
Kann sie riechen,
kann sie fühlen
und mein Herz macht Schlag auf Schlag.

Doch vielleicht dann wieder aufsteh'n,
noch ein allerletztes Mal.
Sich dann stellen all den Nöten,
weiterwandern aus dem Tal.

Immer noch sind da die Fragen,
quälend unruhig diese Pein,
doch ich will sie nun ertragen,
jene Antwort auf mein Sein.

Tiefschwarz glänzend
Lag der Weg vor mir
Verlockend glatt
Und eben bereitet
Geradeaus
Zu dem Ort
Den man mir
Auserkoren hatte
Vielversprechend
Und abgesichert
Wohlgefällig gestaltet
Ohne unnötige Steine
Des Anstoßes
Alles gepflegt und gediegen
So dass Bewunderung
Nicht ausbleiben kann
Ein Hort der Freude
Und des Ansehens
Für alle guten Willens
Die stolze Brust
Meiner Planer
geschwollen
Und zum Platzen bestimmt
So oder so
Spätestens jedoch vor Zorn
Als sie mich auf Abwegen
Fanden

Mit aufgeschlagenen Knien
Und Kratzern an Haut
Und Seele
Mitten im wilden Urwald
Der Abenteuer
Mir meinen eigenen
Holperweg bauend
Und pflastern
Mit reichen Erfahrungen
Blasen an den Händen
Und einem glücklichen Grinsen
Im narbigen Gesicht

Mein Körper, dicht besiedelt von
Kleinstlebewesen... Versmikroben.
Es schürfen sich Seiten aus meiner Rinde.

Ein Vogelschwarm erwacht am Morgen.
Blaugefiedert trägt er meine Gedanken
in gelben Schnäbeln durch die Mangroven.

Ich falle auf feinen Wortzeilen ins
Wasser, fließe mit den Jadewellen.
Ich bin ich. Bin nicht. Bin wieder da...

Über die Herausgeberinnen

· Stephanie Mattner ·

Die Wahlberlinerin studierte Neuere deutsche Philologie mit Schwerpunkt auf Editionswissenschaft. Derzeit arbeitet sie in einem etablierten Verlag. „SternenBlick" ist ihr Herzensprojekt, das ihre Leidenschaft für Dichtkunst mit Buchgestaltung vereint.

· Marion Bergmann ·

Die Wuppertaler Autorin veröffentlicht seit 1999 inspirierte Lyrik und Prosa. Sie ist auch in mehreren Anthologien vertreten. Hauptberuflich lehrt sie in der Erwachsenenbildung Deutsch. 2014 begründete sie den Diotima Verlag und unterstützt auch gern das Projekt „SternenBlick."

Über das Projekt

SternenBlick ist ein Projekt, das Mitte 2013 von Poesie-begeisterten initiiert wurde. Ziel ist es zeitgenössische Poesie zu fördern, unter anderem durch sorgfältig erstellte Bücher — sowohl inhaltlich, als auch optisch. Daneben ist der Ansatz der Gemeinnützigkeit eine zentrale Position von SternenBlick. Sämtliche Erlöse, auch von diesem Band, fließen daher einer Organisation zu, die die Spenden ihrerseits an bedürftige Kinder verteilt.

Alle Veröffentlichungen, aktuelle Ausschreibungen und der Spendenstatus sind der Homepage zu entnehmen:

www.sternenblick.org
Näher am poetischen Herzen

Danksagung

Wir danken allen Dichterinnen, die uns einen Einblick in die Brechungspunkte ihres Lebens gewährt haben. Es ist ein einzigartiges Buch entstanden, das vom Auf und Ab, vom Hinfallen und Aufstehen berichtet. Danke für Euren kreativen Umgang mit dem Thema.

Ein besonderer Dank geht an die beiden Künstler Andrew Ostrovsky und Dieter Bruhns, deren Grafiken diesen Band zu einem visuellen Erlebnis werden lassen. Beide haben nicht gezögert, sich an der Realisierung von „Brechungswellen" zu beteiligen und vertrauten uns die Bilder zur Buchgestaltung an.

Vielen Dank auch an alle SternenBlickler, die uns bei unserer siebten Veröffentlichung begleiten und mit ihrem Interesse helfen, aktueller Lyrik einen würdevollen Rahmen zu geben. Es freut uns zudem, dass wir mit den Spenden aus den Verkaufserlösen schon einige wohltätige Organisationen unterstützen konnten. Wir danken Euch, dass ihr unseren idealistischen Ansatz mit in die Welt hinaustragt.

Inhaltsverzeichnis

Kapitel 1 · Wechselnde Winde rauschen

Kapitel 2 · Seele über die sinnenden Dinge

Kapitel 3 · Meines Wesens Dunkelstunden

Kapitel 4 · Williges Schauen in den Wind der Tage